VERT,

POÈME EN QUATRE CHANTS,

SUIVI

DU CARÊME IMPROMPTU

ET DU LUTRIN VIVANT,

Par GRESSET.

Prix : 25 centimes.

PARIS,

LUGAN, LIBRAIRE, PASSAGE DU CAIRE, N° 121.

1826.

VER-VERT.

VER-VERT.

Y

IMPRIMERIE DE PLASSAN,
RUE DE VAUGIRARD, N° 13.

VER-VERT,

POÈME EN QUATRE CHANTS,

SUIVI

DU CARÊME IMPROMPTU

ET DU LUTRIN VIVANT,

Par GRESSET.

PARIS,

LUGAN, LIBRAIRE, PASSAGE DU CAIRE, N° 121.

1826.

NOTICE

SUR J.-B.-L. GRESSET.

———

J.-B.-L. Gresset était originaire d'une
famille anglaise qui vint s'établir en France, dans le xviie siècle ; il naquit, en
1709, à Amiens, ville où il fit en partie
ses études chez les jésuites. C'est à Paris
qu'il termina ses humanités, au collége
Louis-le-Grand ; puis il fut chargé de les
professer lui - même successivement à
Moulins, à Tours, à Poitiers, et trouva
ainsi le moyen de se fortifier dans les
lettres latines.

Il préluda à ses brillantes destinées
poétiques par des compositions d'un
genre étranger à son talent, qui n'eurent
pas de succès ; mais à 25 ans il fit *Ver-
Vert*, et se trouva sur la route qui devait

le conduire à l'immortalité. Un perroquet, voilà son héros; un couvent de
Visitandines, voilà le lieu de la scène;
aussi dans un cadre si rétréci a-t-il fallu
toute l'habileté du peintre pour rendre le
tableau intéressant. Que de vérité! que
de finesse dans les détails! quelle fidélité
de couleurs! Ver-Vert eut l'approbation
générale, et la mode même lui donna son
suffrage. Des ajustemens de nouvelle invention reçurent le nom de l'illustre perroquet; des vases, sortant de nos fabri-
ques, retracèrent quelques épisodes du
poëme en faveur; on en peignit même
sur émail les sujets les plus marquans.
Enfin, on en fit une version latine, en
même temps que M. Bertin, ministre
d'état, gratifiait l'auteur d'un magnifique
cabaret de Sèvres, dont toutes les pièces
reproduisaient les aventures de son héros,
ce qui fit dire à Gresset, *qu'on le traduisait
aussi en porcelaine de Sèvres.*

A tous ces hommages rendus au jeune
poëte, qui, dès son début, se plaçait aux
premiers rangs, il faut joindre celui de

J.-B. Rousseau, que nous trouvons con-
signé dans ses lettres à M. de Lasséré et
au père Brumoy, jésuite. Voici comment
il s'exprime :

A M. DE LASSÉRÉ.

*J'ai lu le poème que vous m'avez envoyé :
je vous avouerai sans flatterie, monsieur,
que je n'ai jamais vu production qui m'ait
autant surpris que celle-là. Sans sortir d'un
style familier que l'auteur a choisi, il y étale
tout ce que la poésie a de plus éclatant, et
tout ce qu'une connaissance consommée du
monde pourrait fournir à un homme qui y
aurait passé toute sa vie ; il n'était point fait
pour le rôle qu'il a quitté, et je suis ravi de
voir ses talents affranchis de l'esclavage
d'une profession qui lui convenait aussi
peu.*

*Je ne saurais trop vous remercier, mon-
sieur, de la peine que vous avez prise de me
copier vous-même une pièce si excellente :
quelque longue qu'elle soit, je l'ai trouvée*

trop courte, quoique je l'aie lue deux fois. Il me tarde déjà de la pouvoir joindre à celle que vous me promettez de la même main. Je ne sais si tous mes confrères modernes et moi ne ferions pas mieux de renoncer au métier que de le continuer, après l'apparition d'un phénomène aussi surprenant que celui que vous venez de me faire observer, qui nous efface tous dès sa naissance, et sur lequel nous n'avons d'autre avantage que l'ancienneté, que nous serions trop heureux de ne pas avoir. Je suis, etc.

AU P. BRUMOY.

Parmi les phénomènes littéraires que vous m'indiquez, vous n'avez point voulu m'en citer un qui a été élevé parmi vous, et que vous venez de rendre au monde : vous voyez bien que je veux parler du jeune auteur des poëmes du Perroquet et de la Chartreuse. Je n'ai vu de lui que ces deux ouvrages ; mais, en vérité, je les aurais admirés quand ils m'auraient été donnés comme le fruit d'une étude consommée du monde et de la langue française. Je ne crois pas qu'on puisse trouver nulle part plus de richesses jointes à une plus libérale facilité à les prodiguer. Quel prodige dans un homme de vingt-six ans ! et quel désespoir pour tous nos prétendus beaux-esprits modernes ! J'ai toujours trouvé Chapelle très-estimable, mais beaucoup moins, à dire vrai, qu'il n'était estimé ; ici, c'est le naturel de Chapelle, mais son naturel épuré, embelli, orné, et étalé enfin dans toute sa perfection. Si jamais il peut parvenir à faire des vers un peu plus difficilement, je prévois qu'il nous effacera tous tant que nous sommes.

A M. DE LASSÉRÉ.

. . . .
. . . .

Si le Ver-Vert, qui est imprimé, vous tombe entre les mains, vous me ferez grand plaisir de me l'envoyer, car je ne le possède point en propre. Selon moi, cet ouvrage a sur ses cadets l'avantage de l'invention, et même celui de l'exactitude. C'est un vérita-

*ble poème, et le plus agréable badinage que
nous ayons dans notre langue.*

Gresset élevé chez les jésuites, avait, à
l'âge de 16 ans, pris la robe de novice
dans cet ordre. Il dut beaucoup au père
Lagneau, maître habile et doué d'une
grande pénétration d'esprit, qui, de bonne heure, avait su pressentir les excellen-
tes dispositions de son élève, et les avait
cultivées avec un soin tout particulier.
L'apparition de *Ver-Vert* flatta beaucoup
la société, qui trouvait dans ce jeune poè-
te un talent supérieur à ceux qu'elle pos-
sédait déjà. Examiné sous tous les rapports, l'ouvrage fut jugé exempt de re-
proches, même quant aux convenances
religieuses ; et cependant une supérieure
générale de la visitation crut son ordre en-
tier compromis par cette publication ; elle
insista tellement auprès de son frère, qui
était ministre, que sa plainte fut envoyée
aux supérieurs des jésuites. Gresset fut
exilé à La Flèche, ce qui le détermina, par
amour pour la liberté, à quitter un ordre

où il s'était engagé si jeune ; mais il conserva néanmoins pour ses anciens maîtres de l'estime et de l'attachement, ainsi que le prouve l'épître qu'il adressa alors à l'abbé Marquet, *Adieux aux jésuites.*

Peu de temps après, il fit le *Carême impromptu* et le *Lutrin vivant,* productions du même genre que Ver-Vert, mais plus resserrées, qui, si elles sont inférieures à leur aîné, sont néanmoins dignes de l'auteur, dont elles démontrent l'abondante facilité. Plusieurs autres morceaux remarquables le recommandent encore à la postérité, et sa comédie du *Méchant,* lui fit ouvrir les portes de l'académie française, où il succéda à Danchet en 1748. La vie tumultueuse de Paris ne convenait point à son caractère doux et aimant ; aussi s'en fatigua-t-il promptement, et à l'âge de 40 ans environ, il revint se fixer dans sa ville natale, au milieu de sa famille et de ses amis d'enfance. Bientôt, en 1751, il épousa mademoiselle Galland, fille du maire d'Amiens, et de la même famille que le traducteur des Mille et une

Nuits. Il passa ses dernières années dans les douceurs de la vie domestique, et mourut, sans enfans, le 16 juin 1777, comblé des faveurs de l'infortuné monarque Louis XVI, qui, peu auparavant, lui avait donné des lettres de noblesse.

VER-VERT.

A ·MADAME L'ABBESSE DE ***.

CHANT PREMIER.

Vous, près de qui les grâces solitaires
Brillent sans fard, et règnent sans fierté;
Vous dont l'esprit, né pour la vérité,
Sait allier à des vertus austères
Le goût, les ris, l'aimable liberté;
Puisqu'à vos yeux vous voulez que je trace
D'un noble oiseau la touchante disgrâce,
Soyez ma muse, échauffez mes accents;
Et prêtez-moi ces sons intéressants,
Ces tendres sons que forma votre lyre
Lorsque Sultane, au printemps de ses jours,
Fut enlevée à vos tristes amours,
Et descendit au ténébreux empire:
De mon héros les illustres malheurs
Peuvent aussi se promettre vos pleurs.

Sur sa vertu par le sort traversée,
Sur son voyage et ses longues erreurs,
On aurait pu faire une autre Odyssée,
Et par vingt chants endormir les lecteurs;
On aurait pu des fables surannées
Ressusciter les diables et les dieux,
Des faits d'un mois occuper des années,
Et, sur des tons d'un sublime ennuyeux,
Psalmodier la cause infortunée
D'un perroquet non moins brillant qu'Énée,
Non moins dévot, plus malheureux que lui
Mais trop de vers entraînent trop d'ennui.
Les muses sont des abeilles volages;
Leur goût voltige, il fuit les longs ouvrages,
Et, ne prenant que la fleur d'un sujet,
Vole bientôt sur un nouvel objet.
Dans vos leçons j'ai puisé ces maximes:
Puissent vos lois se lire dans mes rimes!
Si, trop sincère, en traçant ces portraits
J'ai dévoilé les mystères secrets,
L'art des parloirs, la science des grilles,
Les graves riens, les mystiques vétilles,
Votre enjoûment me passera ces traits.
Votre raison, exempte de faiblesses,
Sait vous sauver ces fades petitesses;
Sur votre esprit, soumis au seul devoir,
L'illusion n'eut jamais de pouvoir;
Vous savez trop qu'un front que l'art déguise
Plaît moins au ciel qu'une aimable franchise.
Si la Vertu se montrait aux mortels,

Ce ne serait ni par l'art des grimaces,
Ni sous des traits farouches et cruels,
Mais sous votre air, ou sous celui des Grâces,
Qu'elle viendrait mériter nos autels.
 Dans maint auteur de science profonde
J'ai lu qu'on perd à trop courir le monde;
Très-rarement en devient-on meilleur :
Un sort errant ne conduit qu'à l'erreur.
Il nous vaut mieux vivre au sein de nos Lares,
Et conserver, paisibles casaniers,
Notre vertu dans nos propres foyers,
Que parcourir bords lointains et barbares :
Sans quoi le cœur, victime des dangers,
Revient chargé de vices étrangers.
L'affreux destin du héros que je chante
En éternise une preuve touchante :
Tous les échos des parloirs de Nevers,
Si l'on en doute, attesteront mes vers.

 A Nevers donc, chez les Visitandines,
Vivait naguère un perroquet fameux,
A qui son art et son cœur généreux,
Ses vertus même, et ses grâces badines,
Auraient dû faire un sort moins rigoureux,
Si les bons cœurs étaient toujours heureux.
Ver-Vert (c'était le nom du personnage),
Transplanté là de l'indien rivage,
Fut, jeune encor, ne sachant rien de rien,
Au susdit cloître enfermé pour son bien.
Il était beau, brillant, leste et volage,

Aimable et franc, comme on l'est au bel âge,
Né tendre et vif, mais encore innocent;
Bref, digne oiseau d'une si sainte cage,
Par son caquet digne d'être au couvent.
   Pas n'est besoin, je pense, de décrire
Les soins des sœurs, des nonnes, c'est tout dire;
Et chaque mère, après son directeur,
N'aimait rien tant : même dans plus d'un cœur,
Ainsi l'écrit un chroniqueur sincère,
Souvent l'oiseau l'emporta sur le père.
Il partageait, dans ce paisible lieu,
Tous les sirops dont le cher père eh Dieu,
Grâce aux bienfaits des nonnettes sucrées,
Réconfortait ses entrailles sacrées.
Objet permis à leur oisif amour,
VER-VERT était l'âme de ce séjour;
Exceptez-en quelques vieilles dolentes,
Des jeunes cœurs jalouses surveillantes,
Il était cher à toute la maison.
N'étant encor dans l'âge de raison,
Libre, il pouvait et tout dire et tout faire;
Il était sûr de charmer et de plaire.
Des bonnes sœurs égayant les travaux,
Il béquetait et guimpes et bandeaux;
Il n'était point d'agréable partie,
S'il n'y venait briller, caracoler,
Papillonner, siffler, rossignoler;
Il badinait, mais avec modestie,
Avec cet air timide et tout prudent
Qu'une novice a même en badinant.

Par plusieurs voix interrogé sans cesse,
Il répondait à tout avec justesse :
Tel autrefois César, en même temps,
Dictait à quatre, en styles différents.
   Admis partout, si l'on en croit l'histoire,
L'amant chéri mangeait au réfectoire :
Là, tout s'offrait à ses friands désirs ;
Outre qu'encor pour ses menus plaisirs,
Pour occuper son ventre infatigable,
Pendant le temps qu'il passait hors de table,
Mille bonbons, mille exquises douceurs,
Chargeaient toujours les poches de nos sœurs.
Les petits soins, les attentions fines,
Sont nés, dit-on, chez les Visitandines ;
L'heureux VER-VERT l'éprouvait chaque jour.
Plus mitonné qu'un perroquet de cour,
Tout s'occupait du beau pensionnaire ;
Ses jours coulaient dans un noble loisir.
   Au grand dortoir il couchait d'ordinaire :
Là, de cellule il avait à choisir ;
Heureuse encor, trop heureuse la mère
Dont il daignait, au retour de la nuit,
Par sa présence honorer le réduit !
Très-rarement les antiques discrètes
Logeaient l'oiseau ; des novices proprettes
L'alcove simple était plus de son goût :
Car remarquez qu'il était propre en tout.
Quand chaque soir le jeune anachorète
Avait fixé sa nocturne retraite,
Jusqu'au lever de l'astre de Vénus

2

Il reposait sur la boîte aux agnus.
A son réveil, de la fraîche nonnette,
Libre témoin, il voyait la toilette.
Je dis toilette, et je le dis tout bas;
Oui, quelque part j'ai lu qu'il ne faut pas
Aux fronts voilés des miroirs moins fidèles
Qu'aux fronts ornés de pompons et dentelles.
Ainsi qu'il est pour le monde et les cours
Un art, un goût de modes et d'atours,
Il est aussi des modes pour le voile;
Il est un art de donner d'heureux tours
A l'étamine, à la plus simple toile.
Souvent l'essaim des folâtres amours,
Essaim qui sait franchir grilles et tours,
Donne aux bandeaux une grâce piquante,
Un air galant à la guimpe flottante;
Enfin, avant de paraître au parloir,
On doit au moins deux coups-d'œil au miroir.
Ceci soit dit entre nous, en silence:
Sans autre écart revenons au héros.
Dans ce séjour de l'oisive indolence,
VER-VERT vivait sans ennui, sans travaux :
Dans tous les cœurs il régnait sans partage.
Pour lui sœur Thècle oubliait les moineaux ;
Quatre serins en étaient morts de rage;
Et deux matous, autrefois en faveur,
Dépérissaient d'envie et de langueur.

  Qui l'aurait dit, en ces jours pleins de charmes,
Qu'en pure perte on cultivait ses mœurs;

Qu'un temps viendrait, temps de crime et d'a-
    larmes,
Où ce Ver-Vert, tendre idole des cœurs.
Ne serait plus qu'un triste objet d'horreurs?
Arrête, muse, et retarde les larmes
Que doit coûter l'aspect de ses malheurs,
Fruit trop amer des égards de nos sœurs.

CHANT SECOND.

On juge bien qu'étant à telle école
Point ne manquait du don de la parole
L'oiseau disert; hormis dans les repas,
Tel qu'une nonne, il ne déparlait pas :
Bien est-il vrai qu'il parlait comme un livre,
Toujours d'un ton confit en savoir vivre.
Il n'était point de ces fiers perroquets
Que l'air du siècle a rendus trop coquets,
Et qui, sifflés par des bouches mondaines,
N'ignorent rien des vanités humaines.
Ver-Vert était un perroquet dévot,
Une belle âme innocemment guidée;
Jamais du mal il n'avait eu l'idée,
Ne disait onc un immodeste mot :
Mais en revanche il savait des cantiques,
Des orémus, des colloques mystiques;
Il disait bien son Bénédicité,
Et notre mère, et votre charité;
Il savait même un peu du soliloque,
Et des traits fins de Marie Alacoque :
Il avait eu, dans ce docte manoir,
Tous les secours qui mènent au savoir.
Il était là maintes filles savantes
Qui mot pour mot portaient dans leurs cerveaux
Tous les noëls anciens et nouveaux.
Instruit, formé par leurs leçons fréquentes,

Bientôt l'élève égala ses régentes :
De leur ton même adroit imitateur,
Il exprimait la pieuse lenteur,
Les saints soupirs, les notes languissantes
Du chant des sœurs, colombes gémissantes :
Finalement, VER-VERT savait par cœur
Tout ce que sait une mère de chœur.
   Trop resserré dans les bornes d'un cloître,
Un tel mérite au loin se fit connaître;
Dans tout Nevers, du matin jusqu'au soir,
Il n'était bruit que des scènes mignonnes
Du perroquet des bienheureuses nonnes;
De Moulins même on venait pour le voir.
Le beau VER-VERT ne bougeait du parloir :
Sœur Mélanie, en guimpe toujours fine,
Portait l'oiseau : d'abord aux spectateurs
Elle en faisait admirer les couleurs,
Les agréments, la douceur enfantine;
Son air heureux ne manquait point les cœurs.
Mais la beauté du tendre néophyte
N'était encor que le moindre mérite;
On oubliait ces attraits enchanteurs,
Dès que sa voix frappait les auditeurs.
Orné, rempli de saintes gentillesses,
Que lui dictaient les plus jeunes professes,
L'illustre oiseau commençait son récit;
A chaque instant de nouvelles finesses,
Des charmes neufs, variaient son débit :
Éloge unique et difficile à croire
Pour tout parleur qui dit publiquement,

Nul ne dormait dans tout son auditoire ;
Quel orateur en pourrait dire autant ?
On l'écoutait, on vantait sa mémoire :
Lui cependant, stylé parfaitement,
Bien convaincu du néant de la gloire,
Se rengorgeait toujours dévotement,
Et triomphait toujours modestement.
Quand il avait débité sa science,
Serrant le bec et parlant en cadence,
Il s'inclinait d'un air sanctifié,
Et laissait là son monde édifié.
Il n'avait dit que des phrases gentilles,
Que des douceurs, excepté quelques mots
De médisance, et tels propos de filles
Que par hasard il apprenait aux grilles,
Ou que nos sœurs traitaient dans leur enclos.
  Ainsi vivait dans ce nid délectable,
En maître, en saint, en sage véritable,
Père VER-VERT, cher à plus d'une Hébé,
Gras comme un moine et non moins vénérable,
Beau comme un cœur, savant comme un abbé,
Toujours aimé, comme toujours aimable,
Civilisé, musqué, pincé, rangé,
Heureux enfin s'il n'eût pas voyagé.
  Mais vint ce temps d'affligeante mémoire,
Ce temps critique où s'éclipse sa gloire.
O crime ! ô honte ! ô cruel souvenir !
Fatal voyage ! aux yeux de l'avenir
Que ne peut-on en dérober l'histoire !
Ah ! qu'un grand nom est un bien dangereux !

Un sort caché fut toujours plus heureux.
Sur cet exemple on peut ici m'en croire,
Trop de talents, trop de succès flatteurs,
Traînent souvent la ruine des mœurs.

Ton nom, VER-VERT, tes prouesses brillantes,
Ne furent point bornés à ces climats;
La renommée annonça tes appas
Et vint porter ta gloire jusqu'à Nantes.
Là, comme on sait, la Visitation
A son bercail de révérendes mères,
Qui, comme ailleurs, dans cette nation,
A tout savoir ne sont pas les dernières;
Par quoi bientôt, apprenant des premières
Ce qu'on disait du perroquet vanté,
Désir leur vint d'en voir la vérité.
Désir de fille est un feu qui dévore,
Désir de nonne est cent fois pis encore.

Déjà les cœurs s'envolent à Nevers;
Voilà d'abord vingt têtes à l'envers
Pour un oiseau. L'on écrit tout-à-l'heure
En Nivernais à la supérieure,
Pour la prier que l'oiseau plein d'attraits
Soit, pour un temps, amené par la Loire;
Et que, conduit au rivage nantais,
Lui-même il puisse y jouir de sa gloire,
Et se prêter à de tendres souhaits.

La lettre part. Quand viendra la réponse?
Dans douze jours : quel siècle jusque-là!
Lettre sur lettre, et nouvelle semonce :
On ne dort plus ; sœur Cécile en mourra.

Or, à Nevers arrive enfin l'épitre.
Grave sujet; on tient le grand chapitre.
Telle requête effarouche d'abord.
Perdre VER-VERT! O ciel! plutôt la mort!
Dans ces tombeaux, sous ces tours isolées,
Que ferons-nous si ce cher oiseau sort?
Ainsi parlaient les plus jeunes voilées,
Dont le cœur vif, et las de son loisir,
S'ouvrait encore à l'innocent plaisir :
Et, dans le vrai, c'était la moindre chose
Que cette troupe étroitement enclose,
A qui d'ailleurs tout autre oiseau manquait,
Eût pour le moins un pauvre perroquet.
L'avis pourtant des mères assistantes,
De ce sénat antiques présidentes,
Dont le vieux cœur aimait moins vivement,
Fut d'envoyer le pupille charmant
Pour quinze jours; car, en têtes prudentes,
Elles craignaient qu'un refus obstiné
Ne les brouillât avec nos sœurs de Nantes.
Ainsi jugea l'état embéguiné.
    Après ce bill des miladys de l'ordre,
Dans la commune arrive grand désordre :
Quel sacrifice! y peut-on consentir?
Est-il donc vrai? dit la sœur Séraphine :
Quoi! nous vivons, et VER-VERT va partir!
D'une autre part, la mère sacristine
Trois fois pâlit, soupire quatre fois,
Pleure, frémit, se pâme, perd la voix.
Tout est en deuil. Je ne sais quel présage

D'un noir crayon leur trace ce voyage;
Pendant la nuit, des songes pleins d'horreur
Du jour encor redoublent la terreur.
Trop vains regrets! l'instant funeste arrive:
Jà tout est prêt sur la fatale rive;
Il faut enfin se résoudre aux adieux,
Et commencer une absence cruelle:
Jà chaque sœur gémit en tourterelle,
Et plaint d'avance un veuvage ennuyeux.
Que de baisers au sortir de ces lieux
Reçut VER-VERT! Quelles tendres alarmes!
On se l'arrache, on le baigne de larmes:
Plus il est près de quitter ce séjour,
Plus on lui trouve et d'esprit et de charmes.
Enfin pourtant il a passé le tour:
Du monastère, avec lui, fuit l'Amour.
Pars, va, mon fils, vole où l'honneur t'appelle;
Reviens charmant, reviens toujours fidèle;
Que les zéphyrs te portent sur les flots,
Tandis qu'ici dans un triste repos
Je languirai forcément exilée,
Sombre, inconnue, et jamais consolée;
Pars, cher VER-VERT, et dans ton heureux cours,
Sois pris partout pour l'aîné des Amours!
Tel fut l'adieu d'une nonnain poupine,
Qui, pour distraire et charmer sa langueur,
Entre deux draps avait à la sourdine
Très-souvent fait l'oraison dans Racine,
Et qui, sans doute, aurait, de très-grand cœur,
Loin du couvent suivi l'oiseau parleur.

Mais c'en est fait, on embarque le drôle,
Jusqu'à présent vertueux, ingénu,
Jusqu'à présent modeste en sa parole :
Puisse son cœur, constamment défendu,
Au cloître un jour rapporter sa vertu !
Quoi qu'il en soit, déjà la rame vole,
Du bruit des eaux les airs ont retenti ;
Un bon vent souffle, on part, on est parti.

CHANT TROISIÈME.

La même nef, légère et vagabonde,
Qui voiturait le saint oiseau sur l'onde,
Portait aussi deux nymphes, trois dragons,
Une nourrice, un moine, deux Gascons :
Pour un enfant qui sort du monastère,
C'était échoir en dignes compagnons !
Aussi Ver-Vert, ignorant leurs façons,
Se trouva là comme en terre étrangère ;
Nouvelle langue, et nouvelles leçons.
L'oiseau surpris n'entendait point leur style.
Ce n'étaient plus paroles d'évangile,
Ce n'étaient plus ces pieux entretiens,
Ces traits de bible et d'oraisons mentales,
Qu'il entendait chez nos douces vestales,
Mais de gros mots, et non des plus chrétiens :
Car les dragons, race assez peu dévote,
Ne parlaient là que langue de gargote ;
Charmant au mieux les ennuis du chemin,
Ils ne fêtaient que le patron du vin :
Puis les Gascons et les trois péronnelles
Y concertaient sur des tons de ruelles :
De leur côté les bateliers juraient,
Rimaient en dieu, blasphémaient et sacraient ;
Leur voix, stylée aux tons mâles et fermes,
Articulait sans rien perdre des termes.

Dans le fracas, confus, embarrassé,
Ver-Vert gardait un silence forcé;
Triste, timide, il n'osait se produire,
Et ne savait que penser et que dire.
   Pendant la route on voulut par faveur
Faire causer le perroquet rêveur.
Frère Lubin, d'un ton peu monastique,
Interrogea le beau mélancolique :
L'oiseau bénin prend son air de douceur,
Et, vous poussant un soupir méthodique,
D'un ton pédant répond, AVE, MA SŒUR.
A cet AVE, jugez si l'on dut rire;
Tous en chorus bernent le pauvre sire.
Ainsi berné, le novice interdit
Comprit en soi qu'il n'avait pas bien dit,
Et qu'il serait malmené des commères,
S'il ne parlait la langue des confrères :
Son cœur, né fier, et qui, jusqu'à ce temps,
Avait été nourri d'un doux encens,
Ne put garder sa modeste constance
Dans cet assaut de mépris flétrissants :
A cet instant, en perdant patience,
Ver-Vert perdit sa première innocence.
Dès-lors ingrat, en soi-même il maudit
Les chères sœurs ses premières maîtresses,
Qui n'avaient pas su mettre en son esprit
Du beau français les brillantes finesses,
Les sons nerveux et les délicatesses.
A les apprendre il met donc tous ses soins,
Parlant très-peu, mais n'en pensant pas moins.

D'abord l'oiseau, comme il n'était pas bête,
Pour faire place à de nouveaux discours,
Vit qu'il devait oublier pour toujours
Tous les gaudés qui farcissaient sa tête;
Ils furent tous oubliés en deux jours,
Tant il trouva la langue à la dragonne
Plus du bel air que les termes de nonne!
En moins de rien, l'éloquent animal,
(Hélas! jeunesse apprend trop bien le mal!)
L'animal, dis-je, éloquent et docile,
En moins de rien fut rudement habile.
Bien vite il sut jurer et maugréer
Mieux qu'un vieux diable au fond d'un bénitier.
Il démentit les célèbres maximes
Où nous lisons qu'on ne vient aux grands crimes
Que par degrés: il fut un scélérat
Profès d'abord, et sans noviciat.
Trop bien sut-il graver en sa mémoire
Tout l'alphabet des bateliers de Loire;
Dès qu'un d'iceux, dans quelque vertigo,
Lâchait un mor...! VER-VERT faisait l'écho:
Lors applaudi par la bande susdite,
Fier et content de son petit mérite,
Il n'aima plus que le honteux honneur
De savoir plaire au monde suborneur;
Et, dégradant son généreux organe,
Il ne fut plus qu'un orateur profane:
Faut-il qu'ainsi l'exemple séducteur
Du ciel au diable emporte un jeune cœur!

   Pendant ces jours, durant ces tristes scènes,

Que faisiez-vous dans vos cloîtres déserts,
Chastes Iris du couvent de Nevers ?
Sans doute, hélas! vous faisiez des neuvaines
Pour le retour du plus grand des ingrats,
Pour un volage indigne de vos peines,
Et qui, soumis à de nouvelles chaînes,
De vos amours ne faisait plus de cas.
Sans doute alors l'accès du monastère
Était d'ennuis tristement obsédé ;
La grille était dans un deuil solitaire,
Et le silence était presque gardé.
Cessez vos vœux, VER-VERT n'en est plus digne ;
VER-VERT n'est plus cet oiseau révérend,
Ce perroquet d'une humeur si bénigne,
Ce cœur si pur, cet esprit si fervent ;
Vous le dirai-je ? il n'est plus qu'un brigand,
Lâche apostat, blasphémateur insigne :
Les vents légers et les nymphes des eaux
Ont moissonné le fruit de vos travaux.
Ne vantez point sa science infinie :
Sans la vertu, que vaut un grand génie ?
N'y pensez plus : l'infâme a, sans pudeur,
Prostitué ses talents et son cœur.
    Déjà pourtant on approche de Nantes,
Où languissaient nos sœurs impatientes :
Pour leurs désirs le jour trop tard naissait,
Des cieux trop tard le jour disparaissait.
Dans ces ennuis, l'espérance flatteuse,
A nous tromper toujours ingénieuse,
Leur promettait un esprit cultivé,

Un perroquet noblement élevé,
Une voix tendre, honnête, édifiante,
Des sentiments, un mérite achevé :
Mais ô douleur ! ô vaine et fausse attente !
    La nef arrive, et l'équipage en sort.
Une tourière était assise au port.
Dès le départ de la première lettre,
Là chaque jour elle venait se mettre ;
Ses yeux, errant sur le lointain des flots,
Semblaient hâter le vaisseau du héros.
En débarquant auprès de la béguine,
L'oiseau madré la connut à sa mine,
A son œil prude ouvert en tapinois,
A sa grand'coiffe, à sa fine étamine,
A ses gants blancs, à sa mourante voix,
Et, mieux encore, à sa petite croix :
Il en frémit, et même il est croyable
Qu'en militaire il la donnait au diable ;
Trop mieux aimant suivre quelque dragon,
Dont il savait le bachique jargon,
Qu'aller apprendre encor les litanies,
La révérence, et les cérémonies.
Mais force fut au grivois dépité
D'être conduit au gîte détesté.
Malgré ses cris, la tourière l'emporte :
Il la mordait, dit-on, de bonne sorte,
Chemin faisant, les uns disent au cou,
D'autres au bras ; on ne sait pas bien où :
D'ailleurs, qu'importe ? A la fin, non sans peine,
Dans le couvent la béate l'emmène ;

Elle l'annonce. Avec grande rumeur
Le bruit en court. Aux premières nouvelles
La cloche sonne. On était lors au chœur,
On quitte tout, on court, on a des ailes :
« C'est lui, ma sœur ! il est au grand parloir ! »
On vole en foule, on grille de le voir ;
Les vieilles même, au marcher symétrique,
Des ans tardifs ont oublié le poids :
Tout rajeunit ; et la mère Angélique
Courut alors pour la première fois.

CHANT QUATRIÈME.

On voit enfin, on ne peut se repaître
Assez les yeux des beautés de l'oiseau;
C'était raison, car le fripon pour être
Moins bon garçon n'en était pas moins beau;
Cet œil guerrier et cet air petit-maître
Lui prêtaient même un agrément nouveau.
Faut-il, grand Dieu! que sur le front d'un traître
Brillent ainsi les plus tendres attraits!
Que ne peut-on distinguer et connaître
Les cœurs pervers à de difformes traits!
Pour admirer les charmes qu'il rassemble,
Toutes les sœurs parlent toutes ensemble:
En entendant cet essaim bourdonner,
On eût à peine entendu Dieu tonner.
Lui cependant, parmi tout ce vacarme,
Sans daigner dire un mot de piété,
Roulait les yeux d'un air de jeune Carme.
Premier grief. Cet air trop effronté
Fut un scandale à la communauté.
En second lieu, quand la mère prieure,
D'un air auguste, en fille intérieure,
Voulut parler à l'oiseau libertin,
Pour premiers mots et pour toute réponse,
Nonchalamment, et d'un air de dédain,
Sans bien songer aux horreurs qu'il prononce,
Mon gars répond, avec un ton faquin:

3

« Par la corbleu ! que les nonnes sont folles ! »
L'histoire dit qu'il avait, en chemin,
D'un de la troupe entendu ces paroles.
A ce début, la sœur Saint-Augustin,
D'un air sucré, voulant le faire taire,
En lui disant, Fi donc. mon très-cher frère !
Le très-cher frère, indocile et mutin ,
Vous la rima très-richement en tain.
Vive Jésus ! il est sorcier, ma mère !
Reprend la sœur. Juste Dieu ! quel coquin !
Quoi ! c'est donc là ce perroquet divin ?
Ici VER-VERT, en vrai gibier de Grève,
L'apostropha d'un LA PESTE TE CRÈVE !
Chacune vint pour brider le caquet
Du grenadier. chacune eut son paquet :
Turlupinant les jeunes précieuses,
Il imitait leur courroux babillard;
Plus déchaîné sur les vieilles grondeuses,
Il bafouait leur sermon nasillard.
   Ce fut bien pis, quand, d'un ton de corsaire,
Las, excédé de leurs fades propos,
Bouffi de rage, écumant de colère,
Il entonna tous les horribles mots
Qu'il avait su rapporter des bateaux;
Jurant, sacrant d'une voix dissolue,
Faisant passer tout l'enfer en revue,
Les B, les F, voltigeaient sur son bec.
Les jeunes sœurs crurent qu'il parlait grec.
« Jour de Dieu ! mor... ! mille pipes de diables ! »
Toute la grille, à ces mots effroyables,

Tremble d'horreur ; les nonnettes sans voix
Font, en fuyant, mille signes de croix :
Toutes, pensant être à la fin du monde,
Courent en poste aux caves du couvent ;
Et sur son nez la mère Cunégonde
Se laissant choir perd sa dernière dent.
Ouvrant à peine un sépulcral organe :
Père éternel ! dit la sœur Bibiane,
Miséricorde ! Ah ! qui nous a donné
Cet antechrist, ce démon incarné ?
Mon doux sauveur ! en quelle conscience
Peut-il ainsi jurer comme un damné ?
Est-ce donc là l'esprit et la science
De ce VER-VERT si chéri, si prôné ?
Qu'il soit banni, qu'il soit remis en route.
O Dieu d'amour ! reprend la sœur Écoute,
Quelles horreurs ! chez nos sœurs de Nevers,
Quoi ! parle-t-on ce langage pervers ?
Quoi ! c'est ainsi qu'on forme la jeunesse !
Quel hérétique ! ô divine sagesse !
Qu'il n'entre point : avec ce Lucifer,
En garnison nous aurions tout l'enfer.
   Conclusion : VER-VERT est mis en cage ;
On se résout, sans tarder davantage,
A renvoyer le parleur scandaleux.
Le pélerin ne demandait pas mieux.
Il est proscrit, déclaré détestable,
Abominable, atteint et convaincu
D'avoir tenté d'entamer la vertu
Des saintes sœurs. Toutes de l'exécrable

Signent l'arrêt, en pleurant le coupable;
Car quel malheur qu'il fût si dépravé,
N'étant encor qu'à la fleur de son âge,
Et qu'il portât, sous un si beau plumage,
La fière humeur d'un escroc achevé,
L'air d'un païen, le cœur d'un réprouvé!
  Il part enfin, porté par la tourière,
Mais sans la mordre en retournant au port;
Une cabane emporte le compère,
Et, sans regret, il fuit ce triste bord.
  De ses malheurs telle fut l'Iliade.
Quel désespoir, lorsqu'enfin de retour
Il vint donner pareille sérénade,
Pareil scandale en son premier séjour!
Que résoudront nos sœurs inconsolables?
Les yeux en pleurs, les sens d'horreur troublés,
En manteaux longs, en voiles redoublés,
Au discrétoire entrent neuf vénérables:
Figurez-vous neuf siècles assemblés.
Là, sans espoir d'aucun heureux suffrage,
Privé des sœurs qui plaideraient pour lui,
En plein parquet enchaîné dans sa cage,
VER-VERT paraît sans gloire et sans appui.
On est aux voix: déjà deux des sibylles
En billets noirs ont crayonné sa mort;
Deux autres sœurs, un peu moins imbécilles,
Veulent qu'en proie à son malheureux sort
On le renvoie au rivage profane
Qui le vit naître avec le noir bracmane:
Mais, de concert, les cinq dernières voix

Du châtiment déterminent le choix.
On le condamne à deux mois d'abstinence,
Trois de retraite, et quatre de silence;
Jardins, toilette, alcoves et biscuits,
Pendant ce temps lui seront interdits.
Ce n'est point tout; pour comble de misère,
On lui choisit pour garde, pour geolière,
Pour entretien, l'Alecton du couvent,
Une converse, infante douairière,
Singe voilé, squelette octogénaire,
Spectacle fait pour l'œil d'un pénitent.
Malgré les soins de l'Argus inflexible,
Dans leurs loisirs souvent d'aimables sœurs,
Venant le plaindre avec un air sensible,
De son exil suspendaient les rigueurs.
Sœur Rosalie, au retour de matines,
Plus d'une fois lui porta des pralines:
Mais, dans les fers, loin d'un libre destin,
Tous les bonbons ne sont que chicotin.
   Couvert de honte, instruit par l'infortune,
Ou las de voir sa compagne importune,
L'oiseau contrit se reconnut enfin :
Il oublia les dragons et le moine,
Et, pleinement remis à l'unisson
Avec nos sœurs pour l'air et pour le ton,
Il redevint plus dévot qu'un chanoine.
Quand on fut sûr de sa conversion,
Le vieux divan, désarmant sa vengeance,
De l'exilé borna la pénitence.
   De son rappel, sans doute, l'heureux jour

Va, pour ces lieux, être un jour d'alègresse :
Tous ses instants, donnés à la tendresse,
Seront filés par la main de l'Amour.
Que dis-je ? hélas ! ô plaisirs infidèles !
O vains attraits de délices mortelles !
Tous les dortoirs étaient jonchés de fleurs ;
Café parfait, chansons, course légère,
Tumulte aimable et liberté plénière,
Tout exprimait de charmantes ardeurs,
Rien n'annonçait de prochaines douleurs :
Mais, de nos sœurs ô largesse indiscrète !
Du sein des maux d'une longue diète
Passant trop tôt dans des flots de douceurs,
Bourré de sucre et brûlé de liqueurs,
VER-VERT, tombant sur un tas de dragées,
En noirs cyprès vit ses roses changées.
En vain les sœurs tâchaient de retenir
Son âme errante et son dernier soupir ;
Ce doux excès hâtant sa destinée,
Du tendre amour victime fortunée,
Il expira dans le sein du plaisir.
On admirait ses paroles dernières.
Vénus enfin, lui fermant les paupières,
Dans l'Élysée et les sacrés bosquets ,
Le mène au rang des héros perroquets,
Près de celui dont l'amant de Corine
A pleuré l'ombre et chanté la doctrine.
    Qui peut narrer combien l'illustre mort
Fut regretté ? La sœur dépositaire
En composa la lettre circulaire

D'où j'ai tiré l'histoire de son sort.
Pour le garder à la race future,
Son portrait fut tiré d'après nature :
Plus d'une main, conduite par l'Amour,
Sut lui donner une seconde vie '
Par les couleurs et par la broderie ;
Et la douleur, travaillant à son tour,
Peignit, broda des larmes alentour.
On lui rendit tous les honneurs funèbres
Que l'Hélicon rend aux oiseaux célèbres.
Au pied d'un myrte on plaça le tombeau
Qui couvre encor le Mausole nouveau.
Là, par la main des tendres Artémises,
En lettres d'or ces rimes furent mises
Sur un porphyre environné de fleurs ;
En les lisant on sent naître ses pleurs :

Novices qui venez causer dans ces bocages
    A l'insu de nos graves sœurs,
Un instant, s'il se peut, suspendez vos ramages,
    Apprenez nos malheurs.
  Vous vous taisez ! Si c'est trop vous contraindre,
    Parlez, mais parlez pour nous plaindre ;
Un mot vous instruira de nos tendres douleurs :
  Ci-gît VER-VERT ; ci-gissent tous les cœurs.

On dit pourtant (pour terminer ma glose
En peu de mots) que l'ombre de l'oiseau
Ne loge plus dans le susdit tombeau ;

Que son esprit dans les nonnes repose,
Et qu'en tout temps, par la métempsycose,
De sœur en sœur l'immortel perroquet
Transportera son ame et son caquet.

LE CARÊME

IN-PROMPTU.

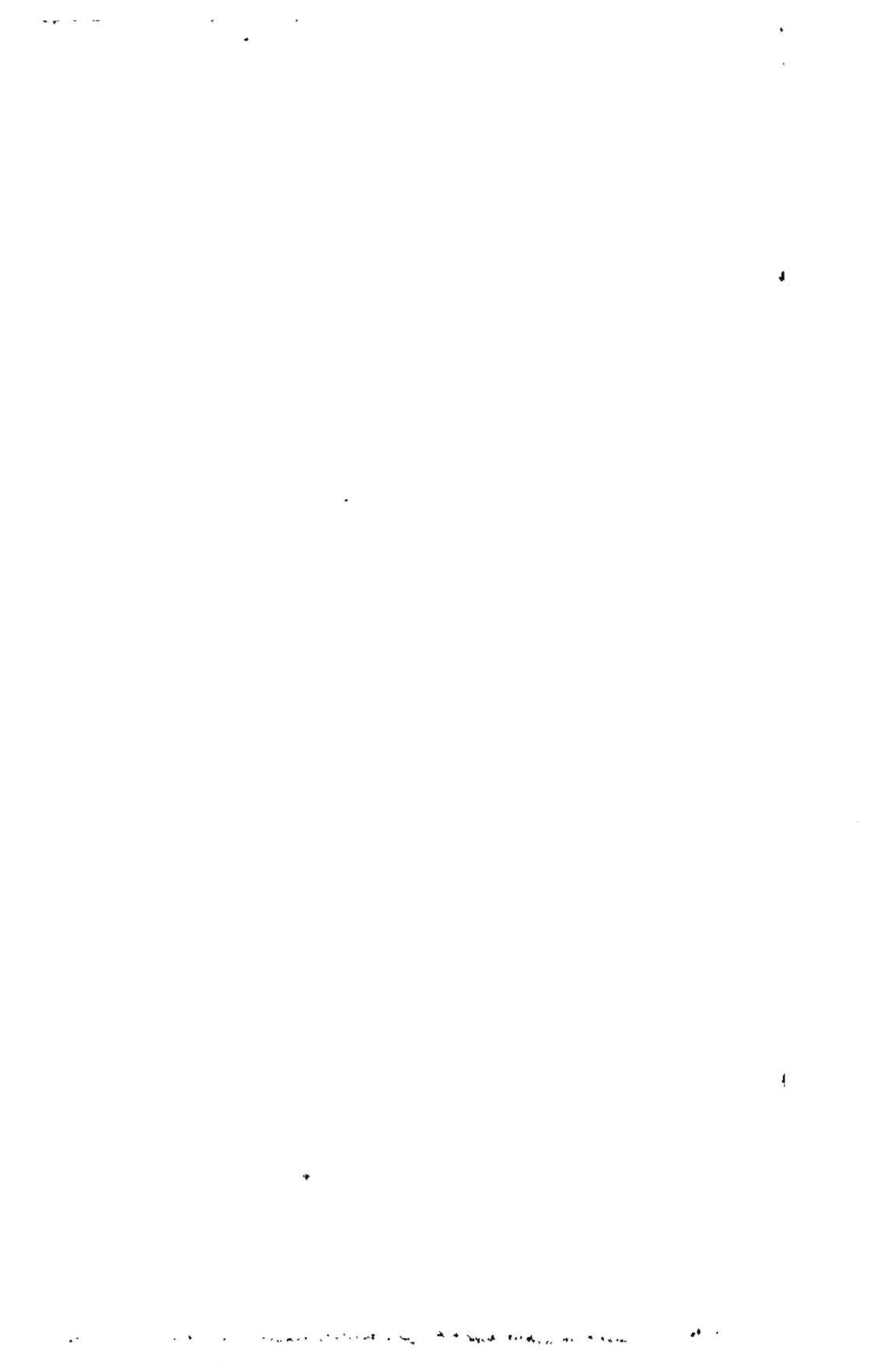

LE CARÊME

IN-PROMPTU.

Sous un ciel toujours rigoureux,
Au sein des flots impétueux,
Non loin de l'armorique plage,
Il est une île, affreux rivage,
Habitacle marécageux,
Moitié peuplé, moitié sauvage,
Dont les habitants malheureux,
Séparés du reste du monde,
Semblent ne connaître que l'onde,
Et n'être connus que des cieux.
Des nouvelles de la nature
Viennent rarement sur ces bords ;
On n'y sait que par aventure,
Et par de très-tardifs rapports,
Ce qui se passe sur la terre,
Qui fait la paix, qui fait la guerre,
Qui sont les vivants et les morts.
De cette étrange résidence
Le curé, sans trop d'embarras,
Enseveli dans l'indolence
D'une héréditaire ignorance,

Vit de baptême et de trépas,
Et d'offices qu'il n'entend pas.
Parmi les notables de l'île,
Il est regardé comme habile
Quand il peut dire quelquefois
Le mois de l'an, le jour du mois.
On va penser que j'exagère,
Et que j'outre le caractère.
« Quelle apparence? dira-t-on :
Quelle île assez abandonnée
Ignore le temps de l'année?
Non, ce trait ne peut être bon
Que dans une île imaginée
Par le fabuleux Robinson. »
    De grâce, censeur incrédule,
Ne jugez point sur ce soupçon;
Un fait narré sans fiction
Va vous enlever ce scrupule :
Il porte la conviction;
Je n'y mettrai que la façon.
    Le curé de l'île susdite,
Vieux papa, bon israélite,
(N'importe quand advint le cas),
N'avait point, avant les étrennes,
Fait apporter de nos climats
De guide-ânes ni d'almanachs
Pour le guider dans ses antiennes
Et régler ses petits états.
Il reconnut sa négligence;
Mais trop tard vint la prévoyance.

La saison ne permettait pas
De faire voile vers la France;
Abandonnée aux noirs frimas,
La mer n'était plus praticable;
Et l'on n'espérait les bons vents
Qui rendent l'onde navigable
Et le continent abordable
Qu'à la naissance du printemps.
    Pendant ces trois mois de tempête,
Que faire sans calendrier?
Comment placer les jours de fête?
Comment les différencier?
Dans une pareille méprise,
Quelque autre curé plus savant
N'aurait pu régir son église;
Et peut-être dévotement,
Bravant les fougues de la bise,
Se serait livré, sans remise,
Aux périls du moite élément:
Mais pour une telle imprudence,
Doué d'un trop bon jugement,
Notre bon prêtre assurément
Chérissait trop son existence;
C'était d'ailleurs un vieux routier
Qui, s'étant fait une habitude
Des fonctions de son métier,
Officiait sans trop d'étude,
Et qui, dans sa décrépitude,
Dégoisait psaumes et leçons,
Sans y faire tant de façons.

Prenant donc son parti sans peine,
Il annonce le premier mois,
Et recommande par trois fois
A son assistance chrétienne
De ne point finir la semaine
Sans chômer la fête des Rois.
Ces premiers points étaient faciles;
Il ne trouva de l'embarras
Qu'en pensant qu'il ne saurait pas
Où ranger les fêtes mobiles.
Qu'y faire enfin? Peu scrupuleux,
Il décida, ne pouvant mieux,
Que ces fêtes, comme ignorées,
Ne seraient chez lui célébrées
Que quand, au retour du zéphyr,
Lui-même il aurait pu venir
Prendre langue dans nos contrées.
Il crut cet avis selon Dieu :
Ce fut celui de son vicaire,
De Javotte sa ménagère,
Et de son magister Mathieu,
La plus forte tête du lieu.
Ceci posé, janvier se passe;
Plus agile encor dans son cours,
Février fuit, mars le remplace,
Et l'aquilon régnait toujours :
Du printemps avec patience
Attendant le prochain retour,
Et sur l'annuelle abstinence
Prétendant cause d'ignorance,

Ou, bonnement et sans détour,
Par faute de réminiscence,
Notre vieux curé, chaque jour,
Se mettait sur la conscience
Un chapon de sa basse-cour.
Cependant, poursuit la chronique,
Le carême, depuis un mois,
Sur tout l'univers catholique
Étendait ses austères lois :
L'île seule, grâce au bon homme,
A l'abri des statuts de Rome,
Voyait ses libres babitants
Vivre en gras pendant tout ce temps.
De vrai, ce n'était fine chère,
Mais cependant chaque insulaire,
Mi-paysan et mi-bourgeois,
Pouvait parer son ordinaire
D'un fin lard flanqué de vieux pois.
A l'exemple du presbytère,
Tous, dans cette erreur salutaire,
Soupaient pour nous d'un cœur joyeux,
Tandis que nous jeûnions pour eux.
  Enfin pourtant le froid borée
Quitta l'onde plus tempérée.
Voyant qu'il était plus que temps
D'instruire nos impénitents,
Le diable, content de lui-même,
Ne retarda plus le printemps :
C'était lui qui, par stratagème,
Leur rendant contraire tout vent,

Avait voulu, chemin faisant,
Leur escamoter un carême,
Pour se divertir en passant.
Le calme rétabli sur l'onde,
Mon curé, selon son serment,
Pour voir comment allait le monde,
S'embarque sans retardement,
S'étant bien lesté la bedaine
De quatre tranches de jambon
(Fait digne de réflexion ;
Car de la sainte quarantaine
Déjà la cinquième semaine
Venait de commencer son cours.)
Il vient : il trouve avec surprise
Que dans l'empire de l'église
Pâques revenait dans dix jours.
« Dieu soit loué ! prenons courage,
Dit-il enfonçant son castor.
Grâce au Seigneur, notre voyage
Se trouve fait à temps encor
Pour pouvoir, dans mon ermitage,
Fêter Pâques selon l'usage.»
      Content, il rentre sur son bord,
Après avoir fait ses emplettes
Et d'almanachs et de lunettes :
Il part, il arrive à bon port
Dans ses solitaires retraites.
Le lendemain, jour des Rameaux,
Prônant avec un zèle extrême,
Il notifie à ses vassaux

La date de notre carême.
« Mais, poursuit-il, j'ai mon système,
Mes frères, nous n'y perdrons rien,
Et nous le rattraperons bien :
D'abord, avant notre abstinence,
Pour garder l'usage ancien
Et bien remplir toute observance,
Le Mardi gras sera mardi;
Le jour des Cendres, mercredi;
Suivront trois jours de pénitence,
Dans toute l'île on jeûnera;
Et dimanche, unis à l'église,
Sans plus craindre aucune méprise,
.Nous chanterons l'ALLELUIA. »

LE LUTRIN

VIVANT.

LE LUTRIN

VIVANT.

A M. L'ABBÉ DE SÉGONZAC.

De mes écrits aimable confident,
Cher Ségonzac, ma muse solitaire,
De ses ennuis brisant la chaîne austère,
Vient près de toi retrouver l'enjoûment.
Je m'en souviens, lorsqu'un sort plus charmant
Nous unissait sur les rives de Loire,
Aux champs heureux dont Tours est l'ornement,
Lieux toujours chers au dieu de l'agrément,
Je te promis qu'au temple de mémoire
Je placerais le pupitre vivant,
Dont je t'appris la naissance et la gloire.
Je l'ai promis ; je remplis mon serment.
A dire vrai, cette moderne histoire
Est un peu folle, il en faut convenir.
Est-ce un défaut ? Nou, si c'est un plaisir.
Dans les langueurs de la mélancolie,
Quoi ! la sagesse est-elle de saison ?

Un trait comique, une vive saillie,
Marqués au coin de l'aimable folie,
Consolent mieux qu'une froide oraison
Que prêche en vain l'ennuyeuse raison.
Quoi qu'il en soit, ma Minerve sévère
Adoucira ces grotesques portraits,
Et les voilant d'une gaze légère
Ne montrera que la moitié des traits.
Venons au fait. Honni qui mal y pense !
Attention : j'ai toussé, je commence.
  Non loin des bords du Cher et de l'Auron,
Dans un climat dont je tairai le nom,
Est un vieux bourg dont l'église sans vitres
A pour clergé le plus gueux des chapitres.
Là ne sont point de ces mortels fleuris
Qui, dans les bras d'une heureuse indolence,
Exempts d'étude et libres d'abstinence,
N'ont qu'à nourrir leur brillant coloris :
On ne voit là que pâles effigies
Qui de champagne onc ne furent rougies,
Que maigres clercs, chanoines avortons,
Sans rabats fins et sans triples mentons ;
Contraints d'aller, traînant leurs faces blêmes,
A chaque office, et de chanter eux-mêmes.
Ils ont pourtant, pour aider leur labeur,
Un chapelain et quatre enfants de chœur :
Ces jouvenceaux ont leur gîte ordinaire
Chez dame Barbe : elle leur sert de mère
Et de soutient ; le public est leur père.
  Il faut savoir, pour plus grande clarté,

Que dame Barbe est une octogénaire,
Un vétéran de la communauté,
Fille jadis, aujourd'hui douairière,
Qui, dès seize ans, d'un siècle corrompu
Craignant l'écueil, pour mettre sa vertu
Mieux à couvert des mondains et des moines,
Crut devoir vivre auprès d'un des chanoines :
D'abord servante ; ensuite, adroitement
Elle parvint jusqu'au gouvernement.
Déjà trois fois elle a vu dans l'église
De père en fils chaque charge transmise.
Barbe, en un mot, au chapitre susdit,
De race en race a gardé son crédit.
Or, chez ladite arriva notre histoire
En juin dernier ; l'aventure est notoire.
　　Par cas fortuit, l'enfant de chœur Lucas
Avait usé l'étui des pays-bas ;
Vous m'entendez, sa culotte trop mûre
Le trahissait par mainte découpure :
Déjà la brèche augmentant tous les jours
Démantelait la place et les faubourgs.
Barbe le voit, s'attendrit : mais que faire ?
Elle était pauvre, et l'étoffe était chère ;
D'une autre part le chapitre était gueux ;
Et puis, d'ailleurs, le petit malheureux,
Ouvrage né d'un auteur anonyme,
Ne connaissant parents ni légitime,
N'avait en tout, dans ce stérile lieu,
Pour se chauffer, que la grâce de Dieu.

Il languissait dans une triste attente,
Gardant la chambre, et rarement debout.
Enfin, pourtant, l'habile gouvernante
Sut lui forger une armure décente,
A peu de frais et dans un nouveau goût.
Nécessité tire parti de tout :
Nécessité d'industrie est la mère.
　　Chez Barbe était un vieux antiphonaire,
Vieux graduel, ample et poudreux bouquin,
Dont aux bons jours on parait le lutrin.
D'épais lambeaux d'un parchemin gothique
Formaient le corps de ce grimoire antique :
De ces feuillets de la crasse endurcis
L'âge avait fait une étoffe en glacis.
La vieille crut qu'on pouvait sans dommages
Du livre affreux détacher quelques pages :
Elle en prend quatre et les coud proprement
Pour relier un volume vivant.
Mais le hasard voulut que l'ouvrière,
Très-peu savante en pareille matière,
Dans les feuillets qu'elle prit sans façon,
Prît justement la messe du patron.
L'ouvrage fait, elle en coiffe à la diable
L'humanité du petit misérable :
Par quoi Lucas, chamarré de plain-chant,
Ne craignait plus les insultes du vent.
　　Or, cependant arrive la Saint-Brice,
Fête du lieu, fête du grand office.
Le maître chantre, intendant du lutrin,

Vient au grand livre : il cherche, mais en vain;
A feuilleter il perd et temps et peines :
Il jure, il sacre, et s'imagine enfin
Qu'un chœur de rats a mangé les antiennes.
Mais par bonheur, dans ce triste embarras,
Ses yeux distraits rencontrent mon Lucas,
Qui, de grimauds renforçant une troupe,
Sans le savoir portait l'office en croupe.
Le chantre lit, et retrouve au niveau
Tous ses versets sur ce livre nouveau.
Sur l'heure il fait son rapport au chapitre :
On délibère, on décide soudain
Que le marmot, braqué sur le pupitre,
Y servira de livre et de lutrin.
Sur cet arrêt, on le style au service;
En quatre tours il apprend l'exercice.
Déjà d'un air intrépide et dévot
Lucas s'accroche à l'aigle du pivot;
A livre ouvert, le chapitre en lunettes
Vient entonner; un groupe de mazettes
Très-gravement poursuit ce chant falot,
Concert grotesque et digne de Callot.
  Tout allait bien jusques à l'évangile :
Ferme, et plus fier qu'un sénateur romain,
Lucas, tenant sa façade immobile,
Avec succès aurait gagné la fin :
Mais, par malheur, une guêpe incivile,
Par la couture entr'ouvrant le vélin,
Déconcerta le sensible lutrin.

D'abord il souffre, il se fait violence,
Et tenant bon il enrage en silence :
Mais l'aiguillon allant toujours son train,
Pour éviter l'insecte impitoyable,
Le lutrin fuit en criant comme un diable,
Et, loin de là, va, partant comme un trait,
Pour se guérir, retourner le feuillet.
Le fait est sûr : sans peine on peut m'en croire,
De deux Gascons je tiens toute l'histoire.

    C'est pour toi seul, ami tendre et charmant,
Que j'ai permis à ma muse exilée,
Loin de tes yeux tristement isolée,
De s'égayer sur cet amusement,
Fruit d'un caprice, ouvrage d'un moment :
Que loin de toi jamais il ne transpire.

    Si par hasard il vient à d'autres yeux,
Les esprits francs qui daigneront le lire,
Sans s'appliquer, follement scrupuleux,
A me trouver un crime dans mes jeux,
Honoreront peut-être d'un sourire
Ce libre essor d'un aimable délire,
Délassement d'un travail sérieux.
Pour les bigots et les froids précieux,
Peuple sans goût, gens qu'un faux zèle inspire,
De nos chansons critiques ténébreux,
Censeurs de tout, exempts de rien produire,
Sans trop d'effroi je m'attends à leur ire.
Déjà j'en vois un trio langoureux
S'ensevelir dans un réduit poudreux,

Fronder mes vers, foudroyer et proscrire
Ce badinage, en faire un monstre affreux.
Je les entends gravement s'entredire,
D'un air capable et d'un ton doucereux :
« Y pense-t-il ? Quel écrit scandaleux !
Quel temps perdu ! Pourquoi, s'il veut écrire,
Ne prend-il point des sujets plus pompeux,
Des traits moraux, des éloges fameux ?.... »
Mais dédaignant leur absurde satire,
Aimable abbé, nous ne ferons que rire
De voir ainsi ces graves ennuyeux
Perdre, à gronder, à me chercher des crimes,
Bien plus de temps et de peines entre eux
Que je n'en perds à façonner ces rimes.
    Pour toi, fidèle au goût, au sentiment,
Franc des travers de leur aigre doctrine,
Tu n'iras point peser stoïquement,
Au grave poids d'une raison chagrine,
Les jeux légers d'une muse badine.
Non ; la raison, celle que tu chéris,
A ses côtés laisse marcher les ris,
Et laisse au froc ces vertus trop fardées
Qu'un plaisir fin n'a jamais déridées.
Ainsi pensait l'amusant du Cerceau :
Sage, enjoué, vertueux sans rudesse,
Des sages faux évitant la tristesse,
Il badina sans s'écarter du beau,
Et sans jamais effrayer la sagesse :
Ainsi les traits de son heureux pinceau

Plairont toujours, et de races en races
Vivront gravés dans les fastes des Grâces ;
Et les censeurs obstinés à ternir
Son art chéri, par l'ennui pédantesque
D'un français fade ou d'un latin tudesque,
Endormiront les siècles à venir.

FIN

OUVRAGES RÉCEMMENT PUBLIÉS

CHEZ LE MÊME LIBRAIRE :

Gambadoro, ou le Jeune aventurier, histoire publiée d'après des mémoires du 18e siècle, par M. Henry Duval, 4 vol. in-12, ornés de gravures. Prix : 12 fr.

C'est un roman fort intéressant dont beaucoup de journaux n'ont encore pu s'occuper à cause de l'abondance des matières plus sérieuses qui remplissent leurs colonnes. Voici ce qu'en dit *l'Opinion,* du 22 janvier dernier, d'accord en cela avec les autres journaux qui en ont parlé : «S'il restait quelque incertitude »sur la parenté de M. Henry avec M. »Alexandre Duval, en ouvrant ce livre, »on n'en douterait plus, en y trouvant »des caractères bien tracés et bien sou-»tenus ; un style toujours franc et facile : »il y a plus que de l'esprit, il y a du talent »dans cet ouvrage, qui sera lu avec inté-»rêt et relu avec plaisir. »

Souvenirs d'Young, nouvelles romanti-
ques, un vol. in-12. Prix : 2 fr. 50 c.

Sept nouvelles intéressantes forment ce
volume ; Emma, Jeannie, Coraly, Wil-
helmine, Marie, Alix et Victorine, capti-
vent tour-à-tour le lecteur. Le style en est
simple et concis ; et la mélancolie douce
et attachante qui distingue le recueil, le
rendra cher surtout au sexe aimable, au-
quel il est plus spécialement adressé.

*Le Vatican, ou Portraits historiques des
papes, depuis saint Pierre jusqu'à Léon
XII,* par un ex-professeur, 1 vol. in-8°,
orné de deux gravures. Prix : 5 fr. 50 c.

Les souverains pontifes apparaissent ici
entourés de leurs actes, et sont jugés selon leurs mérites. L'auteur n'a point pris
la plume pour servir une odieuse vengeance, encore moins pour payer une
honteuse dette ; il n'obéit qu'à sa conscience ; il n'écrit que par amour pour la
vérité. Les portraits des deux cent cin-
quante-trois papes qui se sont succédés
sur le Saint-Siége, ne sont ni flattés ni
enlaidis ; ils sont ressemblans.

Les Grelots de Momus, chansonnier, par

L. T. Gilbert, avec cette épigraphe : *Malice et gaieté,* 1 vol. in-18, avec gravures. Prix : 2 fr.

Les aînés, à M. le président du conseil, épître, par M. Demarlés, brochure in-8°. Prix : 1 fr.

Il est curieux de suivre l'auteur dans sa revue satirique, et de connaître ses idées sur le droit d'aînesse.

Les Ruines de Palmyre, autrement dite *Tedmar au désert,* 1 vol. in-4°, orné de 57 planches. Prix : 5o fr.

Cet ouvrage offre la description des monuments de cette ville antique, dont il reste encore des traces, avec tous les détails d'architectures. Les amis des sciences et des arts y trouveront à méditer.

Esquisse du système d'éducation, suivi dans les écoles de New Lanarck, traduit de l'anglais de M. Dale Owen, par Desfontaines, 1 vol. in-12. Prix : 2 fr.

Des sympathies considérées dans les différens appareils d'organes, par Paul Reis, docteur en médecine de la faculté de Paris, membre de plusieurs sociétés savantes, 1 vol. in-8°. Prix : 3 fr. 5o c.

*De la pulmonie, de ses causes les plus ordi-
naires et des moyens d'en prévenir les fu-
nestes effets,* par J. L. Doussin Du-
breuil, docteur en médecine de la faculté de Paris, 1 vol. in-12. Prix : 3 fr.
50 cent.

*Du courage et de la patience dans le traite-
ment des maladies,* par Pasta, traduit de
l'italien, par Jouenne, docteur-méde-
cin des facultés de Caen et de Louvain,
membre de plusieurs sociétés savantes, 1 vol. in-18. Prix : 2 fr. 50 c.

M. Jouenne, éloigné de sa patrie par
suite des événemens politiques, emploie
ses trop nombreux loisirs à produire,
dans notre langue, les ouvrages qu'il
croit utiles au bien de l'humanité. Son
zèle mérite d'être encouragé.

www.ingramcontent.com/pod-product-compliance
Lightning Source LLC
LaVergne TN
LVHW022120080426
835511LV00007B/931